CATALOGUE

D'OBJETS D'ART

ET DE CURIOSITÉ,

DONT LA VENTE AURA LIEU

Les lundi 27 et mardi 28 janvier 1845, à midi.

EXPOSITION PUBLIQUE

Le dimanche 26 janvier 1845, de midi à quatre heures.

PARIS.

IMPRIMERIE ET LITHOGRAPHIE DE MAULDE ET RENOU,
rue Bailleul, 9 et 11, près du Louvre.

1845

CATALOGUE
D'OBJETS D'ART

ET DE CURIOSITÉ,

TELS QUE

Meubles gothiques en bois sculpté, Meubles en ébène sculpté, Meubles de marqueterie de Boule, Armes anciennes et plusieurs modèles d'Armures du XVIe siècle, Armes orientales, Ivoires sculptés, Bronzes florentins, Marbres, Bas-reliefs en bronze italien, et quantité d'Objets variés,

UNE

COLLECTION COMPLÈTE DE MINÉRALOGIE

Dans son meuble en acajou,

DONT LA VENTE AURA LIEU

Les lundi 27 et mardi 28 janvier 1845, à midi,

RUE DES JEUNEURS, 16,

SALLE N. 2.

EXPOSITION PUBLIQUE
Le dimanche 26 janvier 1845, de midi à quatre heures.

LE CATALOGUE SE DISTRIBUE CHEZ

Me BENOU, Commissaire-Priseur, rue Taranne, 11,
M. ROUSSEL, Expert, rue des Saints-Pères, 38.

—

1845.

Les acquéreurs paieront, en sus des adjudications, cinq centimes par franc, applicables aux frais.

DÉSIGNATION

DES OBJETS.

1 — Grande et belle banquette gothique en bois sculpté, ornée d'un grand nombre de panneaux à ogives et surmontée d'une galerie à jours. Ce meuble est en parfait état et d'un beau style.
2 — Grand siége à dais gothique, très riche de sculptures avec ornements découpés à jours, d'une grande délicatesse de travail.
3 — Petite table en bois doré, du temps de Louis XV.
4 — Petit secrétaire à abattant avec étagères vitrées au-dessus, en marqueterie de Boule, sur écaille rouge.
5 — Grand guéridon en bois sculpté.
6 — Prie-Dieu en bois sculpté.
7 — Belle tenture en cuir, fond vert-d'eau, avec ornements très riches, faisant relief et dorés.
7 bis. — Pendule et deux candelabres rocaille en cuivre doré.
8 — Très beau diptyque en ivoire du seizième siècle, orné de quatre bas-reliefs, repré-

sentant des sujets pieux; travail fin et bien conservé.

9 — Très belle poire à poudre, du temps de Henri II, en ivoire sculpté, ornée de mascarons et de guirlandes de fruits entourant deux bas-reliefs représentant Bellone et la Victoire; les côtés sont ornés de figures de satyres et d'enfants placés dans des enroulements. Ce bel objet est garni en fer damasquiné d'or.

10 — Deux figurines en ivoire, David et Judith. Ces deux figures, provenant de manches de couteaux, sont curieuses par la finesse des costumes.

11 — La Vierge et le Christ. Groupe en ivoire du seizième siècle.

12 — Petite figurine d'enfant sur socle en albâtre oriental.

13 — Six chaises à dossiers garnis, style Louis XIV, en bois de palissandre incrusté de cuivre, foncées en crin et couvertes en tapisserie à bouquets.

14 — Un taureau en bronze sur socle en jaune de Sienne.

15 — La Vierge tenant l'enfant Jésus. Ivoire du quinzième siècle, provenant de la vente de M. Didier Petit.

16 — Bouilloire en cuivre du quatorzième siècle, ayant la forme d'une licorne. Ce vase curieux est garni d'un robinet et sur-

monté d'un animal chimérique qui lui sert d'anse.

17 — Deux reliquaires de forme triangulaire, en cuivre doré.

18 — Jolie assiette en verre de Venise, à filets blancs.

18 bis. — Vase à boire en cuir gaufré et doré, ayant la forme d'une jambe. Travail du seizième siècle.

19 — Deux grands et beaux meubles en ébène, dont les portes offrent des bas-reliefs à sujets mythologiques, avec entourages d'arabesques exécutés en relief, du plus beau style et d'une parfaite exécution ; ils sont ornés de cariatides et de moulures en cuivre doré très riches qui rehaussent parfaitement l'effet des bas-reliefs.

20 — Grande table flamande à colonnes torses ; le dessus est enrichi d'incrustations en ivoire.

21 — Deux miniatures sur vélin, provenant d'un manuscrit du seizième siècle.

22 — Feuille manuscrite, commission donnée par le doge de Venise, Prioli, à un gouverneur de province.

23 — Suite de 135 médailles en argent, facsimilés de médailles antiques grecques, dans une boîte en forme de livre.

24 — Vase grec à trois anses, orné de trois figures.

24 bis. — Un petit vase grec; une tête vue de profil.
25 — Ancienne chaufferette en faïence.
26 — Chaise à prie-Dieu en bois garnie en velours.
27 — Jolie petite table à ouvrage, du temps de Louis XV, en marqueterie de bois, garnie de cuivres dorés.
28 — Quinze anciens coins de médailles de Napoléon : bataille de Sommo-Sierra, 1808. Le passage du Simplon, 1807. Napoléon donne son fils à la France, juin 1815. L'Abdication, 1814. Bataille de Wurtchen, 21 mai 1813. Bataille de Lutzen, 11 mai 1813. Départ de l'empereur, janvier 1814. Fortune adverse, mars 1814. Un aigle, février 1814. Séjour à l'île d'Elbe, 1814 et 1815. Marie-Louise, 1815, avec revers, et trois offrant le buste de Napoléon. Le tout sera vendu d'un seul lot.
29 — Petit éléphant en bronze italien très fin, sur socle en bois.
30 — Hercule debout. Bronze italien.
31 — Deux lampes d'après l'antique, en bronze, dont une a la forme d'un pied humain.
32 — Lampe italienne en bronze, formée par un animal chimérique.
33 — Deux petites figurines en bronze : Actéon et un cavalier.
34 — Groupe de deux figures, bronze florentin : Samson terrassant un Philistin avec une mâchoire d'âne.

35 — Un lion et une lionne, beaux bronzes florentins en pendant, sur socles en bois noir.
36 — Quatre médaillons en bronze, dont le Jugement de Pâris.
37 — Deux bas-reliefs en bronze. Adam et Eve ; les trois Grâces.
38 — Bas-relief en cuivre repoussé, dans le style byzantin, représentant saint Jérôme.
39 — Autre bas-relief du même genre : saint Sébastien.
40 — Une encoignure du temps de Louis XV, en laque.
41 — Deux petits guéridons en acajou, l'un avec tablette en porphyre rouge oriental et l'autre en euphotide-jadienne.
42 — Grande miniature sur ivoire, par Jacques, élève de M. Isabey, dans une boîte garnie en argent.
43 — Onze fourchettes et onze couteaux en argent, à manches d'ivoire.
44 — Encrier en marqueterie de Boule, sur écaille rouge, garni de cuivres dorés.
45 — Pot à bierre en étain, orné de bas-relief et d'arabesques, du seizième siècle.
46 — Trois globes célestes, terrestres, etc.
47 — Socle en pierre, sculpté, orné de figures d'enfants et d'enroulements. Ouvrage du temps de Louis XIII.
48 — Bas-relief en cuivre doré et repoussé. Deux figures allégoriques.

49 — Deux bas-reliefs en bronze italien, représentant Apollon et les Muses, et les Titans foudroyés.
50 — Un dito: Vénus accroupie. Très fin.
51 — Deux dito : sujets de Henri IV et de Marie de Médicis.
52 — Un bas-relief en bronze italien : Persée coupant la tête de Méduse.
53 — Trois petites têtes en bois d'un travail très fin.
54 — Deux figures d'ange en bois peint et un panneau en ébène.
55 — Surmoulé en soufre de la coupe en or du Musée de la bibliothèque.
56 — Bas-relief rond en faïence de Bernard Palissy : Persée et Andromède, cadre doré.
57 — Bas-relief en marbre blanc : la Vierge et l'enfant Jésus.
58 — Deux petits tableaux peints à l'huile sur panneaux : Diane et des jeux d'enfants.
59 — Très joli bas-relief en terre cuite coloriée, représentant Judith armée d'un glaive et tenant la tête d'Holopherne.
60 — Bas-relief en marbre blanc, représentant Diane entourée de ses chiens. Copie du bas-relief de Jean Goujon.
61 — Bas-relief en terre noire représentant une descente de croix.
62 — La Charité. Figure en bois.
63 — Vénus assise et à demi drapée. Bronze italien.

64 — Les Deux lutteuses. Groupe en bronze ancien sur socle noir, incrusté de filets de cuivre.
65 — Buste de femme. Beau bronze italien.
66 — Buste d'un jeune garçon. Bronze italien.
67 — Figure d'homme assis à terre. Bronze ancien sur socle en griotte.
68 — Deux bas-reliefs en bronze : Galatée; Persée et Andromède.
69 — Deux bas-reliefs carrés en bronze : la Mère de douleur; la Vierge et l'enfant Jésus.
70 — Cinq petits bas-reliefs en bronze, sujets variés.
71 — Trois clichés en plomb, dont un représente Apollon et les Muses.
72 — Deux bas-reliefs en bronze : le Christ au tombeau, et un sujet mythologique.
73 — Sept petits bas-reliefs en bronze, sujets variés.
74 — Treize petits médaillons, bas-reliefs, sujets de la Passion.
75 — Cinq médaillons en bronze, dont un ancien sceau.
76 — Quatre médaillons à bas-reliefs en bronze, dont Judith.
77 — Trois petits bas-reliefs en bronze, sujets variés.
78 — Petite cage vitrée à colonnettes, torse en bois avec chapiteaux corinthiens en bronze.

79 — Épée allemande à large lame, avec garde et pommeau en fer.
80 — Petite épée à lame cannelée et gravée, poignée en agate garnie en cuivre doré.
81 — Couteau de chasse à lame gravée, poignée et garde en ivoire sculptée; le foureau, en cuir, est garni d'un couteau et d'une fourchette à manches de corne sculptée.
82 — Poignard suisse, du seizième siècle, tout en fer; le foureau est ciselé et découpé à jours.
83 — Hallebarde en fer uni; la hampe en bois d'ébène massif.
84 — Boîte à cartouches du temps de Louis XIII, en fer repoussé, ornée de mascarons et de cavaliers.
85 — Fer de hallebarde du seizième siècle, en fer gravé, orné d'écussons armoriés.
86 — Jolie petite épée du seizième siècle, en fer ciselé, ornée de figures, de mascarons et de têtes de béliers, avec date de 1591.
87 — Une paire d'étriers en fer doré, à cannelures.
88 — Un très bel éperon en fer, couvert d'incrustations en argent ciselé, offrant des figures et des arabesques du plus beau travail, du seizième siècle.
89 — Un éperon en cuivre, et une clef en fer ciselé.
90 — Deux belles plaques en fer repoussé, provenant d'une selle, représentant deux

figures allégoriques, avec arabesques damasquinées d'or du plus beau style; travail italien du seizième siècle.

91 — Un canon de fusil turc, en fer ciselé.

92 — Ceinturon du seizième siècle, en cuir, garni de ses attaches et de ses boucles en fer gravé.

93 — Epée italienne à longue lame, pommeau et garde en fer, ciselés et gravés, formés par des enroulements; travail du seizième siècle.

94 — Petit fer de lance en fer gravé, avec écussons armoriés.

95 — Grande épée du seizième siècle, avec garde unie en fer; le pommeau est cannelé.

96 — Grande baïonnette du dix-septième siècle, en fer uni.

97 — Très beau mors en fer ciselé, orné de feuillages et de mascarons chimériques, d'un très beau style; travail italien du seizième siècle, très remarquable.

98 — Petite arbalète du temps de Louis XIII.

99 — Arbalète du seizième siècle, en ivoire et ébène, avec incrustations de fleurs; elle est munie de son craneqnin et de sa boîte à viretons, qui en contient plusieurs en ivoire gravé.

100 — Très belle carabine allemande avec canon et batterie ornés de bas-reliefs à sujets de chasse, et d'arabesques ciselées d'un très beau travail.

101 — Une hallebarde en fer, gravée et découpée à jours.
102 — Petit modèle de fantassin du temps de la Ligue, avec casque dit cabacet, ou pot, armé du mousquet à mèche et de l'épée.
103 — Petit modèle de fantassin sous Henri IV, avec casque, morion, long hausse-col, mousquet à mèche, épée et banderole à cartouchière.
104 — Petit modèle de hallebardier, même époque, équipé du casque cabacet, ou pot, de la demi-armure à larges tassettes, de la hallebarde et de l'épée.
105 — Petit modèle de lansquenet du seizième siècle, équipé du casque dit bourguignotte, de la demi-armure à longues tassettes, des gantelets et de l'épée.
106 — Petit modèle d'armure de chevalier du quatorzième siècle, remarquable par la finesse des mailles.
107 — Petit modèle d'armure du seizième siècle, à longs cuissards à écuelles, se terminant par les genouillères.
108 — Petit modèle d'armure de tournoi, du seizième siècle, muni du manteau d'armes.
109 — Petit modèle d'armure du quinzième siècle, la cuirasse se terminant par la braconnière formant jupe.
110 — Petit modèle d'armure du quinzième siècle, avec casque dit salade, pieds à la poulaine.

111 — Petit modèle d'armure d'homme et de cheval de tournoi, du quinzième siècle, dite armure de plançon; le casque de forme héraldique.

112 — Petit modèle d'armure du quinzième siècle.
Cette jolie suite d'armures est remarquable par l'exécution, dont le style rappelle parfaitement les costumes et armures des quatorzième, quinzième et seizième siècles; elle sera appréciée par les amateurs.

113 — Un bouclier et un casque du temps de Louis XIV, exécuté pour un carrousel de cette époque; ils sont garnis richement en bronze doré or moulu, parfaitement ciselé; le casque est surmonté d'un cimier avec dragon; au centre du bouclier est la tête de Méduse.

114 — Un casque indien en damas, avec ornements en relief, le bord damasquiné or; il est garni de sa maille à maillons d'acier et de cuivre.

115 — Un casque idem en mailles, à maillons mélangés d'acier et de cuivre; le dessus avec rondelle porte aigrette.

116 — Hache persane en damas damasquiné d'or, la hampe couverte en peau de chagrin, et de douilles en cuivre doré ciselé.

117 — Hache persane avec ornements en relief damasquiné d'or, la hampe garnie en peau

de chagrin, et d'une douille en argent ciselé.

118 — Yatagan de chef arabe, le fourreau et la poignée richement ciselés en argent.
119 — Belle lame de yatagan avec de riches incrustations d'or.
120 — Cinq lames de yatagan; ce lot sera divisé.
121 — Lame de sabre palle ou traban en damas; le talon damasquiné d'or et d'argent, avec son fourreau en bois couvert en chagrin.
122 — Belle lame de sabre traban en damas, avec de riches damasquines en or, avec son fourreau en bois.
123 — Belle lame de sabre traban, plus riche de damasquines, avec son fourreau en bois.
124 — Belle lame de sabre persan, ornée de fines cannelures, garnie de son fourreau en bois.
125 — Une ceinture et agrafe javanaises richement ciselées.
126 — Une pipe orientale, le fourneau et les garnitures du tuyau en argent richement ciselé.
127 — Une pipe orientale, le fourneau et les garnitures en vermeil; même travail.
128 — Très belle monture d'épée anglaise, en acier, d'un parfait travail.
129 — Dito.
130 — Dito.
131 — Dito.
132 — Dito.

133 — Huit montures d'épée d'acier, taillées à facettes. Ce lot sera divisé.

134 — Épée à monture en fer ciselé, damasquiné d'or, du temps de Louis XV.

135 — Épée à monture enrichie de fins ornements damasquinés en or.

136 — Bouclier indien en peau de rhinocéros laqué noir, garni de quatre bossettes en fer ciselé.

137 — Bouclier japonais en bois laqué noir, enrichi d'ornements en or.

138 — Petit coffret en fer gravé, du seizième siècle.

139 — Buste en marbre blanc : Mercure ; sur son socle.

140 — Meuble, bonheur du jour, en bois de placage, garni de cuivres dorés et orné de plaques en porcelaine de Sèvres.

141 — Collection de minéralogie composée de 1344 échantillons étiquetés et classés d'après la méthode et la nomenclature de M. Beudant.

Elle est disposée dans un meuble de 24 tiroirs en acajou, forme piédestal ou gaîne, avec porte.

Les échantillons, de 4 centimètres environ, comprennent un grand nombre d'espèces rares et de variétés intéressantes, qui se rencontrent rarement dans les collections d'un format plus grand.

142 — Calice gothique du seizième siècle, en argent doré.

143 — Barette en argent doré et repoussé, du temps de Louis XIII.
144 — Cantine orientale en argent repoussé.
145 — Une tabatière en chrysoprase, montée en or.
146 — Grand cadre en bois sculpté avec figures et ornements rehaussés d'or, du seizième siècle.
147 — Soufflet en bois sculpté, style renaissance.
148 — Grand plat en faïence, à reptiles.
149 — Lustre rocaille à douze lumières, en bronze.

Imprimerie de Maulde et Renou, rue Bailleul, 9-11.

www.ingramcontent.com/pod-product-compliance
Lightning Source LLC
Chambersburg PA
CBHW051533240526
45471CB00019B/1398